O MÉDICO

Beny Schmidt

2016

São Paulo

Edição de texto: Mariana Gonzalez
Editor: Fabio Humberg
Assistente editorial: Cristina Bragato
Capa e ilustrações: Osires
Revisão: Humberto Grenes

Dados Internacionais de Catalogação na Publicação (CIP)
(Câmara Brasileira do Livro, SP, Brasil)

Schmidt, Beny, 1956- .
O médico / Beny Schmidt. -- São Paulo : Editora CLA, 2016.

ISBN 978-85-85454-70-8

1. Crônicas brasileiras 2. Médicos - Escritos
3. Médicos como escritores I. Título.

16-08394 CDD–869.8

Índices para catálogo sistemático:
1. Crônicas : Literatura brasileira 869.8

Grafia atualizada segundo o Acordo Ortográfico da Língua Portuguesa de 1990, que entrou em vigor no Brasil em 1º de janeiro de 2009.

Editora CLA Cultural Ltda.
E-mail: editoracla@editoracla.com.br
Site: www.editoracla.com.br
Tel: (11) 3766-9015

Agradecimentos

Ao senhor, nosso Deus, por ter me dado um tempo extra de vida.

Ao meu amor, Patrícia, incrível como pude ter nascido com essa chance de te amar assim.

Aos meus filhos:

Anita: por me deixar perceber seu amor por mim no seu olhar tão lindo. E, sendo dotada de tamanha inteligência, por me lembrar de nunca esquecer a humildade.

Jacqueline: por me mostrar o significado da palavra determinação. Por me ensinar o verdadeiro amor pela natureza.

Marco: por ser meu filho, o mais doce, a mais meiga criatura que conheci, por amar a música e colorir nossa família de mágica.

À minha mãe, pela força, moral e ética com que conduz nossa família.

Ao meu pai, Benjamin José Schmidt, por sorrir de vez em quando lá do céu me estimulando, me enchendo de vontade para seguir meu caminho.

Aos meus amigos colaboradores Mariana Gonzalez e Fabio Humberg, corresponsáveis pelas narrativas desses belos momentos.

Justificativa

Com o passar dos anos, como Maffei* previra, os médicos valorizaram em demasia a indústria farmacêutica e a genética. Foram incitados a aumentar o número dos seus procedimentos cirúrgicos em benefício do capitalismo.

Cada vez mais distante de Hipócrates, a medicina tornou-se um ramo de negócio lucrativo, enquanto hospitais se transformaram em verdadeiras indústrias de saúde.

A magia e a beleza de exercer a medicina com arte, como um sacerdócio, perderam-se e fomos todos conduzidos a um processo de desumanização progressivo que, no lugar de nomes, distingue os seres humanos por números e senhas.

São essas pequenas placas numeradas que nos individualizam atualmente em quase todos os lugares: bancos, hospitais, laboratórios, cartórios, supermercados...

Nossos avanços tecnológicos, o esforço de centenas de anos dos nossos ancestrais em produzir ciência na esperança de otimizar nossa qualidade de vida, enaltecendo a condição humana, correm sério risco de se desvalorizar.

Afinal, dominar a genética e construir nanoscopicamente tecidos e anticorpos e introduzir técnicas sofisticadas para diagnósticos tornam-se absolutamente inúteis se deixarmos de ser humanos e perdermos nossa profunda capacidade de amar.

---

*Walter Edgar Maffei – patologista brasileiro, professor emérito da Santa Casa de Misericórdia de São Paulo.

SUMÁRIO

Tríade 7

Tríade 8

Tríade 9

Tríade 10

Tríade 11

Tríade 12

Apresentação

Não foi minha intenção relatar pacientes de forma acadêmica para uma publicação científica. Tampouco, discriminar, detalhadamente, os respectivos exames laboratoriais e as condutas terapêuticas neles realizadas.

O propósito foi sensibilizar colegas brasileiros à prática de uma medicina humanista e estimular uma reflexão sobre nossos procedimentos atuais.

Ao enaltecer o carinho, o respeito e o amor em nossa profissão, espero entusiasmar aqueles que sentem prazer e têm profundo orgulho do seu trabalho.

Todos os relatos são histórias escritas com zelo e foram escolhidas para provocar novas questões, sem compromisso com respostas protocolares.

Ressalto que os casos que descrevo são verídicos, tendo sido vivenciados por mim ao longo dos últimos anos. Porém, os nomes dos pacientes foram alterados, para preservar a sua privacidade.

Os arrazoados filosóficos instigam uma crítica científica continuada e os versos que iniciam cada uma das 12 tríades da obra tiveram a pretensão de enaltecer a vida com saúde, como aquilo de mais sagrado com que fomos contemplados. Tenho ainda a esperança de ter enfatizado a importância da humildade na arte médica, pois, por mais brilhante que possamos ser, a ciência sempre será especulativa quando comparada à obra divina, que é definitiva.

Tríade 1

A vida é um milagre

Respire bem fundo
Sinta o cheiro do ar
Pense no seu coração
Abra as mãos bem forte

Imagine o mundo
O vento a te tocar
Curta sua respiração
Reflita sobre sua sorte

Que delícia é viver
Quase explodir de amor
Tanto se tem a conhecer
Peito cheio de ardor

Torcer pela beleza
Que nunca acabe a natureza
Que todo dia se consagre
A vida é um milagre

O milagre da Santa Peregrina

Certa tarde, no Shopping Iguatemi, Patrícia e eu fomos tirar fotografia para renovar nossos passaportes. Era um sábado ensolarado, mas não estava de bom humor. A semana tinha sido muito cansativa.

De repente, Patrícia põe a mão em meu ombro e diz:

– Amor, olha lá aquele rapaz, tão jovem, tão triste, desanimado, sentado naquela cadeira de rodas. Será que você não pode ajudá-lo?

– Mas, Patrícia – respondi prontamente –, assim não dá. Será que nem no final de semana posso ter paz?

Mas ela insistiu:

– Olha para ele, amor, ele é tão lindo e está sofrendo muito!

– Patricia, chega, não me amola, puxa vida, me deixa.

Mas ela não desistiu:

– Amor, vai lá só dar uma palavrinha, um alívio, eu sei que você pode.

Muito contrariado, mas, sobretudo, para ela parar de me encher, acabei indo ao encontro dele. Quando me aproximei, um segurança questionou a intromissão. Respondi que era médico e que ia tentar ajudá-lo.

– Qual é o seu nome?

– Me chamo Ricardo.

A fala era lentificada. Fui muito breve.

– Olha, Ricardo, posso te ajudar. Gostaria que você me procurasse na Escola Paulista de Medicina, Setor da Neuromuscular. Vou deixar o endereço com seu segurança, tá legal? Você será bem recebido.

Pronto. Patricia sossegou e pudemos curtir nosso final de semana.

Cerca de dois meses depois, oito horas da manhã, no Setor de Investigação de Doenças Neuromusculares da Unifesp, o frentista do nosso ambulatório, o super Claudinho, entra na sala e diz:

– Beny, tem alguém muito importante lá fora!

– Por que você acha isso?

– Porque veio muita gente acompanhando o cadeirante: seguranças, carros blindados.

– Ok, Claudinho, peça que esperem, vamos ver do que ser trata.

O pai, que se chama Antônio, contou-me a seguinte história:

– Doutor, meu filho sofreu um acidente de jet ski e teve um grave traumatismo crânio-encefálico, com perda de 35% da massa cerebral. Estávamos em Miami e o neurocirurgião não queria pôr a mão, desenganando meu filho. Perguntei então ao médico: meu filho tem 1% de chance de sobreviver? O médico de Miami respondeu: todo mundo tem uma chance nesses casos, apesar de ser muito pequena. Então eu disse: opere meu filho!

Não tive contato e nunca conheci esse neurocirurgião, mas ele fez a diferença. Numa situação tão dramática, deu esperança à família. Não há vida sem esperança.

Antônio, então, continuou:

– Pois é, doutor, conseguimos salvar sua vida. Ele ficou cadeirante, espástico, sua fala está muito comprometida. Me disseram que o senhor poderia nos ajudar...

Olhei fixamente para os olhos do filho, lembrei-me da cena do shopping com Patrícia e aceitei o desafio:

– Está bem, seu Antônio, vamos tentar!

Imediatamente, o pai sacou uma montanha de dinheiro para me pagar. Respondi que não poderia aceitar, pois tinham entrado pela porta de um serviço público. O pai ficou muito impressionado. Isso me ajudou a começar. Consegui fazer com que se comprometessem a cumprir todas as nossas ordens.

Aqui não foi o caso, mas é muito frequente ver que pessoas de alto poder aquisitivo acreditam de verdade que podem comprar, literalmente, saúde.

Fizemos um projeto de reabilitação: uma fisioterapeuta excepcional, Salete Conde, uma terapeuta ocupacional igualmente maravilhosa, Adriana Klein, e uma super fonoaudióloga, Ana Lúcia

Chiapetta. Apliquei inteligência neuromuscular e, sobretudo, vontade e amor.

Nos esportes e na reabilitação, como trabalhamos com músculos voluntários, a vontade é fundamental. E foi assim que aconteceu.

Ricardo vinha progredindo extraordinariamente bem com nossa equipe, conseguia ficar em pé por alguns segundos, dava alguns passos na piscina, sua fala melhorava a cada dia, seus dedos das mãos ganhavam lentamente função, sua força muscular estava melhorando.

Quando sua mãe me convidou para um jantar na casa deles, eram seis horas da tarde. Fui com Patrícia e fomos muito bem recebidos.

Durante o jantar, os pais de Ricardo me explicaram a história da Santa Peregrina, que tinha sido trazida à casa deles pelo amigo Eduardo. Ficamos até o fim da recepção. Já passava da meia-noite quando eu e a mãe de Ricardo reparamos na Santa, que estava colocada num canto da sala de estar. Pudemos nós dois observar uma lágrima escorrendo pelo seu rosto. Após aquela noite, Ricardo nunca mais precisou de sua cadeira de rodas.

O milagre de cada dia

Às vezes, sentimos monotonia, ficamos à espera de uma efeméride. Um desastre, uma descoberta, muitas vezes uma catástrofe. Outras vezes, esperamos por um milagre.

Alternamos na vida dias e momentos felizes com outros de tristeza e melancolia. Existem dias monótonos para todos nós.

Os domingos, principalmente suas tardes, podem ser terríveis. Lembro-me de que, quando jovem, dizia: "casado ou solteiro, rico ou pobre, com filhos ou sem filhos, domingo sempre será domingo".

Nessas horas, o desânimo toma conta do nosso corpo. Não conseguimos levantar nem mesmo para pegar um copo d'água! Quem sabe poderíamos usar a razão para mudar ou nos ajudar.

Senão, vejamos: ao estudar anatomia, histologia, fisiologia... deparamos com a dinâmica da nossa vida, um espetáculo incrível, automático, impensável, incalculável, um milagre a cada segundo. É óbvio que a razão não pode explicar o fenômeno da vida, sua origem, seu funcionamento, muito menos o seu fim. Nesse momento, somos impelidos ao sentimento de humildade, ao respeito à criação, e aproximamo-nos de Deus.

É claro que existe algo não somente superior, mas apofantisíaco, que faz com que todos os momentos da vida sejam um milagre.

A natureza inteira está repleta de milagres: chuvas, trovões, arco-íris, maremotos... mas, como são frequentes, passamos a considerá-los como fenômenos naturais normais, enquanto algo que raramente acontece chamamos de milagre.

E assim, nessa tarde de domingo, refletindo sobre a condição humana, vislumbrando essa máquina extraordinária da vida, experimentando o milagre de cada dia, penso que meus pacientes poderiam superar a fraqueza e a preguiça nesses dias para pegar um simples copo d'água ao se lembrarem desse espetáculo.

Todo momento da vida é um verdadeiro milagre. A eles, devemos respeito. E, aproveitando-os da melhor maneira, ajudamos a embelezar o mundo. Talvez a beleza seja a razão de todos os milagres.

Tríade 2

De todas as idades

Da infância, o encanto
Pureza e fragrância
Da beleza do canto
Inocência e elegância

Da adolescência, a fúria
Volúpia de hormônios
Do adulto, a consciência
A paixão do trabalho

Dos idosos, conhecimento
Reflexões de sabedoria
Imagens de fantasia
Forma e amadurecimento

De todas as idades
Unem-se as verdades
Abre-se espaço
Para o nosso mundo mágico

A morte sem cadáver

Certo dia, um jovem rapaz de 28 anos, acompanhado de sua mãe, adentrou o consultório. O olhar do rapaz era fixo no chão. Ele nem me pareceu estar vivo. Já sua mãe, estava agitada, parecia transtornada.

O jovem muito deprimido tinha quase dois metros de altura; chamava atenção em sua face um heliotropo extenso vermelho vivo. Relatou que tinha muita fraqueza muscular e, juntos, ele e sua mãe, disseram que queriam realizar uma biópsia muscular, pois um médico lhes havia dito que ele estava com dermatomiosite.

Em sua história constava uma traumática quimioterapia em consequência de um carcinoma de testículo. Seu pai o tinha decepcionado durante os últimos tempos e o rapaz me pareceu completamente abúlico.

O exame físico era compatível com dermatomiosite, apesar de a dosagem de CK (creatina quinase) ser normal. A eletroneuromiografia e, posteriormente, a biópsia muscular comprovaram o diagnóstico. Na histologia, observamos atrofia perifascicular e denso infiltrado linfocitário, achados específicos dessa doença.

Tratava-se de uma doença autoimune, uma vasculite que atinge principalmente a pele e os músculos.

Em qualquer clínica ou hospital do mundo, o protocolo incluiria uma pulsoterapia (administração endovenosa de altas doses de corticoide). Porém, mãe e filho eram contrários a essa ideia e me deixaram à vontade para que eu fizesse o que bem entendesse.

Não sei de onde me surgiu essa ideia: administrei durante uma semana dosagem pequena de corticoide, associada a um anti-inflamatório via intramuscular. Pedi ajuda a um terapeuta cognitivo e o fiz caminhar duas vezes ao dia por 15 minutos. Após o 5º dia, Arthur começou a correr na esteira do meu prédio por cinco minutos. Depois, por 8, 10 minutos, a 8 km por hora.

Depois da corrida, caminhava comigo e com Tolsty, meu cão amado, por, pelo menos, mais 30 minutos.

Após uma semana, complementamos os exercícios com atividades anaeróbicas e ele começou a levantar pesos. Passou rapidamente, depois de dez dias, a ganhar massa e força muscular. As lesões de pele desapareceram.

Incrível, o fato é que Arthur sarou após 15 dias!

Puxa vida, quando se observa a literatura, a dermatomiosite é descrita como uma doença mais frequente em crianças e que deve ser controlada com imunossupressores. A cura não é possível!

Sempre disse aos meus alunos que essa patologia infantil autoimune tinha estreita relação com os pais: divórcio, separações, agressões físicas, abuso de álcool... Disse também a eles que seria muito inteligente tratar também e, sobretudo, os pais e não só a criança. Por que não? Porque não chamar os pais, entender a família, ajudá-los?

Reitero que Arthur, no momento em que finalizo este livro, está magnífico, trabalhando, feliz como nunca. Deixo registrada essa mensagem aos reumatologistas, neuropediatras e neuromusculares: em se tratando de doenças autoimunes, a terapia cognitiva pode ser a melhor medicação.

O princípio da vida

Para os físicos, a manifestação do universo se deu no momento zero, acrescido de um tempo imensurável, pós Big Bang, que está se expandindo com aceleração a todo instante, como se fosse um balão que se insufla sem parar. Nesse contexto, os primeiros átomos a aparecer foram os de hidrogênio. Posteriormente, agruparam-se formando hélio, originando as estrelas, a luz e a vida.

Quando penso nisso, lembro-me do grande Nietzsche, "A Ciência é Gaia". Os físicos não são capazes de explicar o porquê dessa manifestação, o sentido da expansão e assim por diante.

Assim sendo, creio que qualquer um de nós que se credite como cientista é sensibilizado a se aproximar de Deus. Não acredito que toda a razão seja Gaia. Ela permite nossa vida em sociedade e sempre estamos em busca de maior prazer em vivê-la, aproveitá-la.

Porém, a razão em tempo algum poderá perder sua humildade. Tudo aquilo nos impulsiona à fé. É inteligente viver assim; isso tranquiliza nosso espírito, fornecendo paz.

A vida e a saúde humana podem ser resumidas de maneira semelhante. Nascemos da explosão de um zigoto, expandimo-nos velozmente como o universo e, depois, como uma estrela supernova, morremos e renascemos de alguma forma.

No desenrolar dessa trama, percebemos que o princípio de tudo, da vida, inclusive, é atavicamente ligado ao movimento.

Assim deveríamos entender a saúde. Devemos seguir sempre em frente, pois as interrupções são sinônimos de doenças.

Com Arthur foi exatamente assim que aconteceu. Apenas demos corda num brinquedo e ele voltou a funcionar.

Tríade 3

Amoródio

Noite dia
Branco escuro
Alegria agonia
Indeciso seguro

Existência
Ambivalência
Coração
Exaltação

Bomba Força
Tudo Nada
Maldade bondade
Mentira verdade

Vida
Paixão
Amor Ódio
Amoródio

Zangado

Olha aqui, doutor, estou há quase dois meses nesta clínica e não estou vendo nada de novo em mim. Continuo sem poder carregar meu filho no colo e não sou capaz de subir escadas! Suas fisioterapeutas estão mentindo para mim. Meu convênio está pagando uma nota. Vou falar com meu amigo juiz na cidade para ele tomar uma providência contra vocês! – dizia o paciente.

– Calma, Wladimir, me dê mais dois meses. Vou te pegar pessoalmente e ficar ao seu lado para entender o porquê de você não estar ganhando massa muscular nesses músculos.

– Não quero saber, estou indo embora já!

– Calma, vem aqui. Deixe-me te examinar tranquilo. Vamos nos dedicar especificamente aos músculos tríceps, glúteos, quadríceps, bíceps femural e iliopsoas. Veremos o que vai acontecer.

– Olha aqui, doutor, vou te dar três semanas e depois vocês vão se entender com a minha assistência médica e com o juiz.

Wladimir tinha sido biopsiado aos oito anos e recebido o diagnóstico de miopatia congênita do tipo central-core.

Começamos forte. Para segurar o filho no colo, precisamos ter bíceps e tríceps. Para subir escadas, os demais músculos de que falei.

Os dias passaram. Apesar de Wladimir não ser de constituição atlética, é longilíneo e magro; seus músculos começaram a hipertrofiar e era possível ver pequenos relevos em seus braços e nádegas.

Após um mês, já tinha evoluído bem. Continuamos num ritmo forte e sempre trabalhando os mesmos grupos musculares.

Passados dois meses, estava muito menos arredio, já não ameaçava mais ninguém! Nesse momento, mudei o local de sua reabilitação para o Fitness Center do Hotel Maksoud, que, entre outras vantagens, possui mais de 200 lances de escada, fora os degraus que levam ao seu heliponto.

Wladimir começou a subir, subir e subir. Primeiro, somente com o peso de seu corpo, depois com um quilo em cada perna. Dois quilos, quatro quilos, oito quilos. Atualmente, é capaz de subir toda a escadaria até o heliponto com dez quilos em cada perna, dois degraus por vez! Além disso, consegue realizar mais de 200 abdominais em sequência e sem muito esforço.

Wladimir pode, finalmente, carregar seu filho no colo! Ele venceu; bastou acreditar em si mesmo. A superação costuma causar tamanha alegria ao ser humano que é capaz de alterar completamente seu temperamento.

Reabilitar é, antes de tudo, ajudar aos que pedem auxílio, incentivá-los a resgatar a alegria de viver, essa sensação gostosa de plenitude, de aproveitar todos os nossos momentos.

A vontade é a principal estratégia para se conseguir qualidade de vida em pacientes de doenças neuromusculares. Antes de mais nada, o músculo esquelético é voluntário e seu movimento depende muito de nós mesmos.

Aliás, a vontade é fundamental na nossa vida para vencer uma competição esportiva, para lidar com nossos desafios e, sobretudo, para aproveitar da melhor maneira possível nossa condição humana.

Fourire

Fui jantar com meu amigo e sua esposa, Jair e Isabelle, que, por sua vez, me apresentaram Renê e Silvia. A noite foi espetacular. Tivemos um *fourire*. *Fou*, em francês, significa louco, e *rire*, rir. Ou seja, "rimos como loucos".

No dia seguinte, Patrícia e eu acordamos tão felizes, ainda sorrindo. Nesse momento, me veio a ideia de que estamos adoecendo rapidamente no planeta. Uma epidemia de tristeza, depressão, angústia e estresse tomou conta de nós que nos esquecemos de *fourire*.

Se a saúde é um estilo de vida, sorrir deve fazer parte essencial da alegria de viver. Imaginei meus pacientes tendo um *fourire*. Com certeza lhes faria muito bem.

Rir escancaradamente, sem medo ou qualquer constrangimento, expressar a euforia. Contagiar todos ao redor com muita alegria, libertar-se de qualquer preocupação, ao invés de incomodar. Envolver os próximos como a música costuma deleitar nossos sentidos.

Esse *fourire* de que estamos tratando não tem nada a ver com aquelas risadas estrondosas e horripilantes de certos norte-americanos! Não se trata de forçar nada, nenhum músculo sequer que participe da mímica. Simplesmente rir à toa, com vontade, a plenos pulmões. Algo além do engraçado, sublime manifestação humana.

Quando penso nas piadinhas tolas da nossa televisão, nos sorrisos irônicos ou forçados dos falsos artistas, considero um desperdício de tempo. Subitamente, aparecem personagens verdadeiros do entretenimento, artistas que fizeram e fazem a diferença, como Chico Anísio, Golias, Ari Toledo. Que delícia, meu Deus, como faz bem um *fourire*!

Qualquer problema se apequena, a doença se enfraquece diante de uma gargalhada longa, sadia e gostosa. Nessas horas, certos músculos podem até doer pelo esforço, mas nossa alma... Deveríamos nos esforçar sempre para melhorar pela nossa felicidade.

Para você, zangado, este arrazoado é perfeito! Te encontrei certo dia tão rabugento, reclamando de tudo, e te vejo hoje tão feliz. A reabilitação não só lhe devolveu a chance de subir milhares de degraus das escadas do Hotel Maksoud; ela abriu a cortina para sua vida poder passar com milhares de *fourire*.

Tríade 4

Sonhar é viver

Sonhar com o céu
E o universo
Sonhar com viagens
Intersiderais

Sonhar com ilhas
E praias especiais
Sonhar num sonho profundo
Com inefáveis desejos

Sonhar com os filhos
A mulher e toda a família
Sonhar com animais
Pássaros e cães magistrais

Sonhar com a vida
Cheia de alegria
Ah, que delícia saber
Que sonhar é viver

Desumano

Com olhinhos que lembravam os de um peixinho-palhaço, extremamente tristes, um jovem rapaz disse-me no início da anamnese:

– Sabe, doutor, semana passada tive uma queda na rua. Durante a tarde inteira pedi ajuda aos transeuntes. Acabei, de forma humilhante, dormindo na rua, no chão, com muito frio, encostado aos prédios. Disse para mim mesmo que foi um sinal, tinha de tomar coragem e resolver. Aqui estou, doutor. O senhor pode me ajudar?

Ele morava com a sua avó, não tinham mais ninguém e não possuíam condições financeiras para o tratamento. Seus olhos eram conquistadores e expressavam nitidamente sua decepção ante a vida e os homens.

Jamel é portador de uma forma de miopatia bastante rara, que se manifesta no nascimento com extrema hipotonia (músculos moles, com ausência de tônus), denominada miopatia centronuclear.

Muitos cientistas neuromusculares acreditam que se trata de uma hipoplasia muscular. Isto é, o músculo para de se desenvolver na vida embrionária. Essas fibras musculares, com um único núcleo grande e vesiculoso centralizado, lembram muito um mioblasto (fibra muscular imatura).

Decidi assumir as despesas. Iniciamos com tudo.

Jamel foi extremamente disciplinado. Primeiro, pedi para que as fisioterapeutas trabalhassem na cintura escapular, pois ele não levantava os braços acima do plano horizontal e, consequentemente, não era capaz de se vestir, escovar os dentes e pentear os cabelos. A falta de musculatura nessa região costuma interferir muito na qualidade de vida. Foram apenas três meses e Jamel era um novo homem.

Recuperou o ânimo e, daí para frente, foi melhorando dia após dia. Fizemos caminhadas fortes de uma hora. No momento em que finalizo este livro, estamos acionando seu plano de saúde para obter recursos para uma cirurgia importante para ele, a otorrinolaringológica. Vamos conseguir!

Jamel é homem leal, digno, honesto e determinado. Chegou várias vezes a me dizer:

– Vou vender minha casa para pagar o tratamento!

– Você está louco? – respondi.

Nossa equipe de fisioterapeutas é o máximo. Além de levantar os braços, Jamel levanta facilmente do chão. Nunca mais! Não será por isso que será humilhado novamente na vida.

Ganhou muita massa muscular, ficou feliz, coloquei-o para trabalhar com a gente. Isso é reabilitação. Não é somente resgatar a massa muscular e movimentos, mas ajudar as pessoas a se reinserir no mercado de trabalho. Assim, conseguem readquirir plenamente a alegria de viver e desfrutar da vida.

O trabalho para o homem é tão importante quanto o esporte na vida moderna. São responsáveis diretos pela saúde humana.

Atualmente, seria difícil para um médico dizer que Jamel é portador de doença neuromuscular. Ele leva uma vida absolutamente normal e continua melhorando, incrível!

Cumprimos com orgulho o nosso dever. Acolher com amor, acompanhar e compartilhar as diferenças daqueles que nos procuram, oferecendo o melhor de nós.

Quando o vejo hoje em dia fico muito feliz. Talvez até mais do que ele próprio. A sensação de ter sido útil a alguém é inigualável.

Jamel, se Deus quiser, nunca mais vai dormir na rua. Não sei quantos abdominais é capaz de fazer, mas, com certeza, faz uma centena a mais do que um jovem sedentário.

Não é ele quem deve me agradecer; eu é que sou grato a ele. Que Deus me dê saúde para continuar mais alguns anos trabalhando nessa equipe maravilhosa. Além do bem que proporciona, o prazer e a realização no trabalho são o mais belo caminho para a felicidade.

Da vida tudo se leva

Eu sou judeu. Meus pais não eram religiosos. Íamos à sinagoga uma ou, no máximo, duas vezes por ano. Uma delas era o Dia do Perdão, o Yom Kipur.

Nesse dia, devemos pedir perdão pelos pecados que cometemos durante o ano. Ficou sempre marcado em mim esse dia. Lembro-me de que, durante alguns anos, na infância, seguia rigorosamente o ritual. Viver tentando fazer o bem. Lembrei-me disso ao ficar sabendo que policiais mataram duas crianças de 10 e 11 anos numa troca de tiros.

As crianças roubaram um carro e atiraram nos policiais. Seus respectivos pais eram criminosos e não devem ter ensinado a essas crianças que o bem é o melhor caminho. A elas deve ter faltado um mínimo de carinho, atenção e amor. Incrível, o menino de dez anos morreu atingido por uma bala como um marginal.

Nossa sociedade está criando pequenos assassinos, gerando verdadeiros monstros. Outra notícia que me chocou foi sobre um estupro coletivo por 30 rapazes contra uma menina de 15 anos!

A televisão e a internet estão produzindo um processo de desumanização em massa que atinge a todos.

O aumento da população mundial, com consequente maior número de pessoas que vivem em estado de pobreza extrema, colabora para esse panorama.

A vida não deveria ter preço. Representa um coringa em nosso espírito. Sagrada, por isso mesmo deveria ser tratada sempre com carinho, capricho, atenção, tentando acertar, cuidar uns dos outros para honrar nossos nomes; ainda somos humanos, muito mais que um punhado de átomos, elétrons, células e tecidos. Nossos gestos, nossas atitudes, não são puramente pontos ou datas históricas. Os seres vivos possuem almas que interagem através de vidas ou além da razão, no apofantisíaco.

A história não se conceitua como um simples calendário de acontecimentos; ela traz consigo no tempo infinitas reflexões para que possamos nos lembrar da nossa origem, de quem somos e para onde queremos seguir.

Dizem que não há gavetas nos caixões, que não levamos nada dessa vida, que precisamos aproveitá-la da melhor maneira, que precisamos sempre que possível viajar...

Não, absolutamente.

É justamente ao contrário, da vida tudo se leva!

Nossos gestos, escolhas, realizações, pecados e caridades permanecem em nossa jornada, independentemente do tempo.

Levamos em frente nossas vitórias e nossas derrotas, nossos amores, os momentos de tristeza e os de alegria. Deveríamos fazer de cada dia um Yom Kipur para viver de maneira mais nobre e humana, melhorando o nosso ser na condição humana.

Da vida tudo se leva. A paraplegia acontece quando metade da energia do nosso corpo desaparece ou foi roubada, ou simplesmente deixamos de querer produzi-la. Não podemos reconquistá-la somente por meio de medicamentos da medicina; temos de desenvolver essa força, tentar restituir de forma carinhosa e sincera essa energia, assim como uma mãe dá à luz a um filho seu.

Tríade 5

As belas atitudes

É com capricho
Desde o início
Que devemos viver
Enquanto a vida passa

É com as mãos
Que expressamos
A melhor delicadeza
Que podemos oferecer

É com inteligência
Que praticamos o bem
Evoluindo nossa alma
De seres humanos

É com atitudes
Que embelezamos o mundo
Assim como belas névoas
Da vida tudo se leva

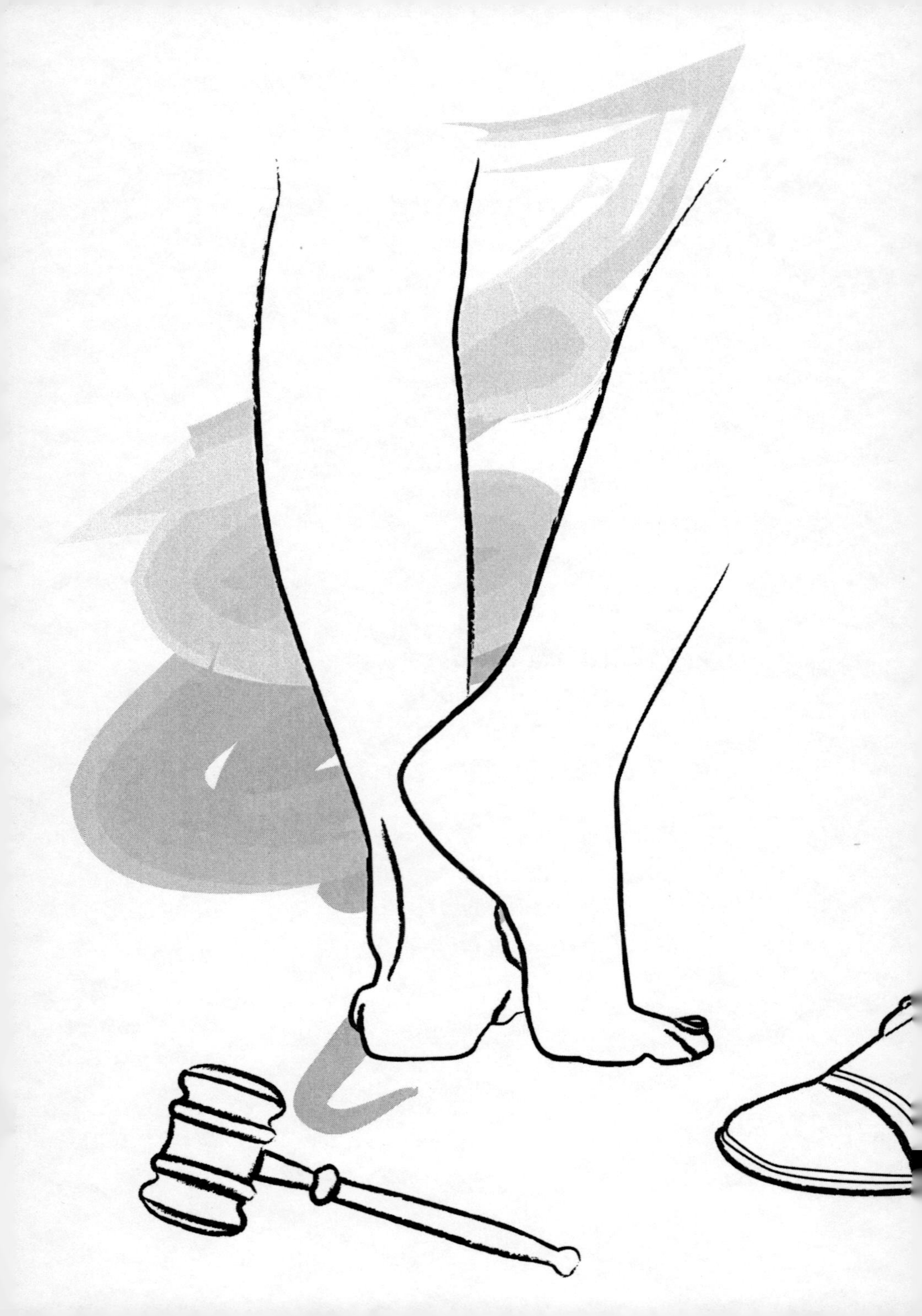

A bela juíza

Certa manhã, no ambulatório do Setor de Investigação de Doenças Neuromusculares da Unifesp, uma linda mulher cadeirante chamava a atenção de todos. Loira, longos cabelos, aparentando ter 35 anos, não sorria nem mesmo piscava. Seu olhar era impávido. Acompanhava-a uma cuidadora que parecia bem mais simpática.

Eram quase dez horas da manhã e havia chegado a vez de atendê-la. Mostrava uma face amímica, abúlica.

– Há quanto tempo você está cadeirante?

– Quatro anos – respondeu friamente.

– Como começou sua doença?

– Foi mais ou menos rápido, fui perdendo a força, ficou difícil levantar os braços, levantar da cadeira, depois andar se tornou um martírio.

– A senhora tem dificuldade para engolir?

– Não.

– Qual é a sua profissão?

– Sou juíza. Moro em Brasília.

A anamnese era difícil. Ela falava em monossílabos, não queria conversar, não queria contar sua história. Só pude saber naquele instante que era solteira e que não tinha filhos.

Iniciei o exame físico e neurológico. Nada. Absolutamente nada. Reflexos normais. Força muscular proximal e distal em todos os músculos, em todos os graus.

Chamava a atenção seu gastrocnêmio (músculo da batata da perna): era grande e hipertrófico para uma cadeirante de quatro anos!

Tentei reiniciar uma conversa, mas não consegui tirar nada importante.

Observei os exames subsidiários: CK normal, Eletroneuromiografia idem. Os exames neurológicos e laboratoriais não evidenciavam qualquer alteração digna de nota. Mas aquela 'batata da perna' poderia ser a resposta.

Tive uma ideia. Pedi para que ela se retirasse e fui entrevistar a cuidadora. Muito simpática e gentil, porém nada a acrescentar, a não ser aquilo que era óbvio: era uma mulher infeliz, depressiva...

As coisas começaram a se aclarar quando, não sei ao certo por quê, perguntei à cuidadora:

– Diga-me, por favor, quando ela deve ir ao banheiro, você tem de ajudar em tudo? Como vocês fazem exatamente?

– Ah, doutor, essa mulher é muito forte, tem muita força de vontade.

– Como assim?

– É que, nessas horas, ela coloca o braço nessa lateral, levanta com sacrifício e consegue, apoiada em mim, dar uns passos até o banheiro.

– Ah, é? Muito obrigado – respondi. Mande-a entrar novamente.

Seu nome era Raquel.

– Diga-me, Raquel, como é a sua vida?

– Normal. Trabalho cerca de oito horas por dia. Sou uma boa juíza e tento ser o mais justa que posso.

– E nos fins de semana, o que você faz? Tem muitos amigos? Namorado? Você já foi casada?

– Não, doutor. Não me interesso por homens.

Naquela hora, não tive coragem de perguntar: e por mulheres? Mas senti que não era o caso; apesar de sua beleza, era fria, assexuada, estranha.

– Raquel, você veio de Brasília até aqui por quê?

– Queria fazer uma biópsia muscular para saber o que eu tenho. Todos os exames que faço não mostram nada.

– Vou pedir aos residentes para lhe examinar novamente, você se incomoda?

– Não, é claro que não.

Os residentes tiveram a mesma opinião. Era difícil estabelecer até mesmo uma hipótese diagnóstica. Um deles reparou que a paciente, apesar de estar há quatro anos cadeirante, não mostrava atrofia muscular nos membros inferiores.

– E então, doutor, o senhor pode realizar a biópsia?

– Talvez, mas primeiro você vai ter de me contar melhor a sua vida. Gostaria que você me falasse um pouco da sua mãe, do seu pai.

Nesse momento, senti um tremor estranho em seus lábios. Apertei rapidamente aí:

– Fale-me do seu pai.

– Não tenho nada para dizer sobre ele.

Percebi que Raquel tinha ficado extremamente agitada naquele momento.

– Ele é um bom pai?

Após quase duas horas, eu lhe disse:

– Se você não me contar mais nada, não vou conseguir ajudá-la. Sua cuidadora disse-me que é capaz de levantar e dar alguns passos para fazer suas necessidades. É verdade?

– Não, doutor. Ela exagerou.

– Raquel, pela última vez, me conte alguma coisa íntima, por favor. Você é tão linda, acho que posso te ajudar.

Nesse momento, depois de tanto tempo de conversa e exame, ela, finalmente, derramando lágrimas, colocou muita coisa para fora. Acertei em cheio, o problema estava no pai.

Tinha sido violentada por ele desde os 11 anos. Há cerca de seis anos, quando, pela primeira vez, tentou impedi-lo, ele passou a agredi-la diariamente. Foram quase 25 anos de abuso.

Senti-me mal naquele momento e procurei desviar a conversa. Falamos sobre seu trabalho, esporte. Depois, entendi que seu pai estava muito doente, morrendo; talvez por isso ela tenha conseguido chegar até nós.

Passadas quatro horas, senti realmente que ela estava bem próxima de mim. Sentiu-se confiante. Pedi um instante a ela.

Saí da sala, contei aos residentes a história e pedi que eles aguardassem no fim do corredor do ambulatório. Tinha a esperança de conseguir algo insólito.

Mostrei-lhe o laboratório, nossa estrutura de atendimento, contei-lhe a história da Neuromuscular, falei-lhe sobre meu pai... Voltamos ao consultório. Ela estava diferente, não me parecia tão depressiva. Pude enxergar melhor ainda que baita mulher se escondia naquela cadeira de rodas.

Arrisquei...

– Raquel, você passou a manhã inteira aqui com a gente. Fiz tudo o que pude, dei todo o meu carinho, meu amor. Queria te pedir uma coisa.

– O que você quer?

– Levanta daí, vou te ajudar. Tenho certeza absoluta de que você consegue. Raquel, seu diagnóstico é uma paralisia psicogênica. Venha comigo, vamos juntos, eu, você e a cuidadora, tentar andar até lá fora. Está vendo, o corredor não é tão longo assim. Venha mostrar aos residentes do que o amor é capaz. Por favor.

E foi assim que aconteceu. Incrédulos, três residentes da Neuromuscular que a tinham examinado a viram, lentamente, caminhar pelo corredor até a porta de entrada.

Sua cadeira de rodas não voltou a Brasília!

Maldade

De onde vem a maldade?

Se o diabo mora dentro de nós, então a maldade também é uma manifestação nossa.

Será que é hereditária?

Já nascemos ruins? Ou será adquirida, secundária à dor e ao sentimento humano?

Como pode um pai estuprar a própria filha? Durante anos... décadas...

Quem foram os avós? Serão eles os culpados? Ou foi a vida que o fez ficar assim?

Será que a maldade pode ser gratuita? Alguém pode sentir prazer na maldade? Como pode existir tortura? Gesto abominável, inconcebível, inexplicável. Serão bruxos e feiticeiros os responsáveis?

Um mundo tão lindo, repleto de estrelas, praias, oceanos, florestas. Por que praticar maldade? Como pode alguém sentir prazer vendo seu semelhante sofrer?

Como pode um pai deixar sua filha paralítica por quatro anos? E continuar a estuprá-la?

Será a maldade uma má-formação cerebral, assim como tantas outras? Um tipo de agenesia? Ou será uma hipoplasia do sistema nervoso? Será uma má-formação psíquica? Uma alteração da personalidade?

Afinal, para que pode servir a maldade? Para ensinar? Mas existem tantas belas maneiras de aprender!

Infelizmente, acho que nunca saberemos a resposta.

No caso extraordinário dessa juíza, vítima de paralisia psicogênica, que em menos de duas horas... desviou seu olhar para o lado, aquele em que a vida vale a pena, pareceu-me que seu coração brilhou naquele momento. Talvez tenha começado a perdoar seu pai ou decidido não ceder mais a ele a partir daquela data.

Mas o que realmente interessa é que essa bela mulher entrou na Unifesp cadeirante e saiu andando no mesmo dia, bem em frente a todos, residentes, professores, enfermeiros.

Poderemos nunca saber realmente onde nasce a maldade, mas essa paciente é um exemplo de que podemos diminuir seus prejuízos por meio do perdão.

Tríade 6

O sopro da vida

Entre a noite e o dia
Escuridão e luz
Que pedaços pequenos de mundo
Viajavam com o vento

Embaralharam-se de todo jeito
Tentavam se encaixar
Produzir alguma criatura
Preencher o espaço

Ansiavam pelo momento
De que todos juntos
Viessem a respirar
Inventando uma vida

E foi tudo diferente
Se deu a manifestação
Num sopro de fé
Estava pronta a criação

A triste princesa

Linda como uma bela princesa, triste como uma refugiada. Adentrou meu consultório, com olhos suplicantes, meigos, macios, pedindo ajuda. Pareciam mesmo ser a única parte do seu corpo que ainda continha um pouco de energia.

Sua história, seu exame neurológico, os exames de imagem não deixavam dúvida: tratava-se de uma paciente de esclerose múltipla. De acordo com a literatura, forma remitente recorrente. A cada surto novo, uma nova perda de função.

Estava tetraplégica, sobravam poucos movimentos distais nos braços, mas já não era capaz de segurar um simples copo d'água. Sofria muito. Tinha um marido bacana e dois belos filhos.

Fora-me indicada pelo pai de um paciente com o qual tínhamos tido um sucesso extraordinário na reabilitação. Iniciamos com tudo: fonoaudiologia, terapia ocupacional, fisioterapia motora, aquática, respiratória, terapia cognitiva, nutricionista... Passado um mês, nada.

Não tínhamos conseguido absolutamente nada. Estranho, muito estranho. Nossa experiência nesses casos é de que existe sempre uma melhora das funções motoras e da qualidade de vida.

Geralmente, após 30 dias, os pacientes com esperança de melhora estão animados e cursam com resgates múltiplos. Mas Rebeca não melhorava em nada. Pelo contrário, acabou ficando mais deprimida ainda.

Foi assim que aconteceu: certa tarde, tive de voltar ao consultório para recuperar não lembro o quê e minha secretária segurava três cheques. Perguntei de quem eram e ela disse: da Rebeca.

– Como assim?

– É, doutor, ela sempre paga assim, em três vezes.

– Ah, é, é? Estranho. Um marido tão milionário, uma casa tão majestosa. Estranho, bem estranho. Aí tem coisa.

Então, tive uma ideia. Chamei os dois filhos para conversar comigo separadamente.

O mais velho respondia a tudo tranquilamente: que os pais se amavam, nunca os vira brigando feio, que tudo era uma maravilha, com exceção dessa maldita doença.

Até que...

– Me diga, seu pai te dá muito dinheiro no fim de semana para você se divertir?

– Ah, doutor, não é bem assim!

– E como é?

– Meu pai é fogo com dinheiro.

– Explique melhor...

– Por exemplo, doutor, ele obriga minha mãe a trazer a lista de compras do supermercado todas as semanas. Ele confere tudo. Não é fácil arrancar R$ 100 dele.

O irmão menor reiterou as informações do maior. Às vezes, a viagem em família perdia um pouco de seu brilho e prazer por certas atitudes do pai.

No dia seguinte, rapidamente, telefonei a ele:

– Senhor Maurício, finalmente acho que já sei como podemos ajudar sua esposa, de verdade. Pode vir ao meu consultório?

Em menos de 30 minutos chegou, entusiasmado e eufórico.

– Senhor, acho que achei o caminho.

– Doutor, farei tudo o que pedir, eu a amo mais que tudo nessa vida.

– Pois bem, se assim é, gostaria de lhe pedir para depositar na conta pessoal da sua esposa a quantia de 1 milhão de dólares. Que o senhor a deixe fazer o que ela bem entender com o dinheiro. Veja bem, o senhor é um homem milionário, possui inúmeras propriedades e seus filhos me contaram que, talvez mesmo sem saber, o senhor está humilhando a sua esposa com suas atitudes frente ao dinheiro. Seus dois filhos reclamaram sobre seu jeito mesquinho de viver. O senhor me compreendeu? Caso contrário, não poderemos ajudá-la. Essa doença é autoimune e, como todas as patologias dessa natureza, depende de uma resolução emocional para, aí sim, na reabilitação, com muita vontade e trabalho, conseguirmos resgatar muitas coisas, sobretudo o prazer pela vida.

Prossegui:

– Veja bem, se o senhor liberar uma quantia pequena, não vai resolver. O senhor me entendeu?

– Sim, perfeitamente. Vou pensar.

– Pense com calma, reflita profundamente, converse com sua mulher, com sua família, seus filhos. Eles são tudo na vida. A vida é sagrada.

– Está muito bem, doutor. Vou pensar!

Rebeca nunca mais apareceu. Maurício nunca me telefonou. Depois de algum tempo, fiquei sabendo que ela continuava cadeirante e que se encontrava quase cega.

Ganância

Nessa manhã, o sol sorriu para mim. Eram 6h35. Amarelo, bem ouro. Redondíssimo, surgiu no canto de Juquehy (praia do litoral norte de São Paulo). Em certo momento, subitamente, dei-lhe mais atenção e percebi duas faixas de nuvens prateadas paralelas, que desenharam rapidamente dois olhos, um nariz e uma boca curva que parecia sorrir para mim.

Todos os seres vivos nasceram para viver, mas parece que os humanos se esqueceram disso, sobretudo aqueles que sofrem de ganância.

A ganância é uma doença compulsiva e terrível, principalmente quando está acompanhada da sua irmã gêmea, devoradora de vida, a mesquinhez.

Essas pessoas acometidas por essas doenças vivem exclusivamente para transformar cada segundo de trabalho, de luta, em dinheiro e acúmulo de riqueza. Não utilizam o que ganham quase para nada. Odeiam gastar dinheiro, até mesmo para se alimentar.

O dinheiro para elas não é um veículo para o prazer de viver, para a felicidade. Não, ele é um fim em si mesmo. É comum presenciar cenas em que esses pacientes tremem ao assinar um cheque, não importando sua quantia.

Costumam conferir contas de restaurantes e gastos variáveis dezenas de vezes, pedem descontos em qualquer compra ou serviço, inclusive em uma simples corrida de táxi.

Apesar de muitos possuírem fortunas acumuladas, são sempre miseráveis, vivem como verdadeiros mendigos.

Infelizmente, Rebeca acabou ficando doente por ter um marido assim. Acabou por desenvolver esclerose múltipla, tornando-se cadeirante. Digo com convicção: foi a mesquinhez do marido que a deixou paralítica, pois, literalmente, ele não a deixava se movimentar, castrava seus movimentos, até sua respiração afetava.

Para essas pessoas, nada na vida possui mais valor que o dinheiro. Nessa situação, deveríamos, obviamente, tratar primeiro do marido. Eliminar o agente etiológico e depois reabilitar a paciente. Caso contrário, sua esposa não voltará a se mexer.

Nessa manhã, o sol sorriu para mim. O sol quer sempre sorrir para todos. É da sua luz a origem de todas as vidas.

Seria tão maravilhoso se, pelo menos, em alguns dias, as pessoas pudessem admirar o nascer do sol. Atualmente, as pessoas só falam com celulares e computadores, deixaram de conversar entre elas mesmas; mas,o que é pior ainda, deixaram de observar a natureza.

Há pouco tempo, as estrelas eram as nossas melhores amigas das noites; os crepúsculos, o alívio e o relaxamento de um dia de trabalho, a paz vespertina.

Vivemos numa orquestra em que os dias são longas notas; se pudéssemos aproveitá-las nas auroras e nos crepúsculos, nossas vidas seriam mais belas.

Tríade 7

O destino da vida

Onde se esconde
A vida no final
Por detrás da noite
Por debaixo da terra

No fim do tempo
Noutro planeta
No mistério do mar
No vento, no ar

Onde se esconde
A vida na morte
Numa alma nova
Na lua, no céu

Próxima das estrelas
Noutros animais
Pura e sem pudor
No interior do amor

O homem do boné

Dessa vez, no consultório privado, um casal entra, cumprimenta-me e senta. O marido logo exclama:

– Doutor, minha vida acabou.

Tão rápido, logo de cara; fiquei muito curioso. A esposa, uma mulher deslumbrante, sorridente, alta, corpulenta, esbelta, dentes branquíssimos que apareciam durante sua fala e gestos bem delicados; seu braço direito ora acariciava a mão do marido, ora se ajeitava sobre seu ombro, parecendo querer consolá-lo.

O marido, por sua vez, usava um boné chique, marrom, listrado. Era elegante e falava forte...

– É, doutor, minha vida acabou!

"O que será que esse cara tem? Não vejo a hora de examiná-lo", pensei.

A anamnese correu tranquila, tinham dois filhos, eram nordestinos. Ele dizia-se muito rico, sem problemas financeiros e, muito menos, familiares. Não havia qualquer antecedente familiar importante. Pensava: “o que será que esse cara tem”?

No exame físico, homem forte, 40 anos, alto, saúde plena, sem referir qualquer outra queixa. Não era um grande esportista, mas não era obeso tampouco, bem definido constitucionalmente. “O que será que esse cara tem? O que será que ele quer de mim”?

De repente, notei que, mesmo deitado no leito para o exame neurológico, não retirou o boné. O mistério terminou quando fui examinar sua cabeça. Ao retirar o boné, seu queixo despencou, literalmente, sobre seu peito. Olhou-me, então, com olhos tristes e disse-me:

– Agora o senhor entendeu o meu problema? Minha vida não tem mais graça. Estou arruinado.

É uma doença neurológica motora que compromete os músculos do pescoço, denominada diplegia cervical. Patologia rara, difícil de ser realmente compreendida; quando qualquer objeto é colocado em cima do couro cabeludo, a cabeça mantém-se erguida. Porém, ao ser retirado, ela pende imediatamente até tocar o peito.

– Doutor, como posso viver assim? O que será da minha vida?

O exame neurológico, afora esse fato, era absolutamente normal.

– Já passei por muitos médicos no exterior. Ninguém, até agora, deu-me qualquer esperança. Achei o senhor através de um amigo. O senhor pode me ajudar?

– É claro – respondi prontamente.

– Jura, doutor? O senhor realmente pode me ajudar? Eu vou sarar? Não aguento mais viver assim. Estou nessa condição há mais de quatro anos.

– Calma, faremos o seguinte. Amanhã é terça-feira, dia que nosso ambulatório da neuromuscular atende pacientes com doenças neuromusculares. Gostaria que fosse lá pela manhã, às 8 horas. Está bom?

– É lógico. Faremos qualquer coisa para resolver.

– Que bom! Passe a noite tranquilo que tudo vai acabar bem e o senhor terá sua vida normal de volta.

– O senhor me promete?

– Prometo dar o melhor de mim!

Saíram tão felizes que pude ter quase certeza de que meu plano daria certo.

Na manhã seguinte, assim que chegaram, impressionaram-se, ficaram acuados ao deparar com tanto sofrimento. Todas as terças-feiras, há mais de 30 anos, o professor Acary de Souza Bulle de Oliveira* coordena e passa seus conhecimentos a todos os residentes e profissionais da neuromuscular durante o atendimento de pacientes comprometidos por doenças do neurônio motor. Destacam-se os atendimentos aos pacientes com esclerose lateral amiotrófica. Doença cruel, progressiva, que cursa com perda muscular generalizada e redução gradativa da qualidade de vida.

Naquela manhã, o casal presenciou as dificuldades de pessoas paraplégicas e tetraplégicas, outras que eram capazes de movimentar somente os olhos e as pálpebras, além de algumas que haviam sido submetidas a traqueostomia e gastrostomia.

Enfim, tomaram contato com o real significado do sofrimento humano. Tiveram a oportunidade de conversar com cuidadores,

---

*Professor Dr. Acary Souza Bulle de Oliveira, chefe do Setor de Investigação de Doenças Neuromusculares da Unifesp – Escola Paulista de Medicina.

entrevistaram uma paciente limitada a responder somente sim e não com a movimentação da cabeça. Aquela foi a manhã mais longa de suas vidas.

Por volta do meio-dia, disse a eles que tinha terminado de preparar o protocolo de tratamento dele e perguntei se poderiam retornar ao meu consultório no dia seguinte, às 17 horas.

– É claro – respondeu o marido.

Aconteceu assim: chegaram pontualmente no horário, sentaram e, antes que eu pudesse falar uma palavra, ambos deixaram escorrer pela face algumas lágrimas e disseram:

– Doutor, entendemos profundamente sua lição. Compreendemos que terei de seguir vivendo desta maneira, pelo menos por enquanto. Na última noite, eu e minha esposa agradecemos a Deus pela vida linda que temos, dormimos pouco, refletimos sobre a minha dor, que é insignificante perto daquilo que presenciamos ontem de manhã. Agradecemos de coração. Não poderemos esquecer. Ah, o melhor de tudo. O senhor cumpriu com a sua palavra. O senhor me curou!

Muito além do desejo

Certa manhã, bem cedo, após minha toalete, Tolsty, meu cão amado, fez um olhar incrível. O olho esquerdo falava por si só. Sobrancelha arqueada. A pupila pequena, negra, contrastava com uma esclera amarelo acastanhada. Tolsty, na verdade, queria, literalmente, falar.

O olho direito tinha a pálpebra semi-caída, parecia muito triste, mas eu a conhecia, ela queria se comunicar.

Retribuí o olhar, desejei profundamente que seus olhos pudessem conversar, tentei ouvir seus significados. Por um momento, encontrei-me frustrado, desiludido. Infelizmente, ainda não é possível conversar com os nossos cães.

Aquela manhã foi diferente, assim como são desiguais os nossos dias. Muito além do desejo, senti que no meu peito o coração saltitava, queria pular para fora do corpo, talvez para se incorporar ao dele. Espreguiçando na cama ao meu lado, limpinho, com aqueles pelos amarelos, quase loiros, tão belos, ele hesitava em pular para o chão, calado. Podia sentir, ele continuava querendo falar.

Mas não era só isso. Era muito além de um desejo. Estávamos fugindo, abduzidos pela magia daquela manhã colorida por raios gelados de luz provindos de um sol gigante que acabara de nascer.

Nesses instantes, assim como aviões que cruzam o céu resplandecendo sonhos coloridos, Tolsty comigo acreditava na presença da beleza da vida do mundo.

Não podíamos conversar literalmente, pois homens e cães não podem realmente uns com os outros falar. Mas nosso relacionamento não está restrito a voz, perfume, carinho ou olhar. Sentimos a sensação de um estranhamento que não deve ser interrompido abruptamente para não cometer pecado, que não cessa de interagir, tentando tornar-se mesmo maior que o inteligível.

Passaram-se alguns minutos, parecia que voltávamos para a Terra. Levantei-me, fui para o banho, Tolsty logo atrás (fica sempre esperando na sala ao lado). Tudo voltou ao normal.

Preparávamo-nos para seguir nosso caminho em mais um dia. Senti-me impressionantemente feliz, com enorme vontade de viver esse dia como nunca, trabalhar. Pensei nos pacientes que iria ver e fiz uma reflexão: se pudesse fazer com que eles sentissem isso, quanto poderiam ganhar em músculos e saúde em sua luta pela reabilitação?

Mais do que nunca, tive certeza de que a vontade e a raça significam quase tudo para eles se recuperarem.

Sinto que a ciência, no geral, paradoxalmente ao clímax tecnológico atual, perdeu seu rumo; anticorpos monoclonais, oligonucleotídeos, farmacogenética. Os médicos acreditam que estão enxergando o DNA, genes, átomos, neutrinos. Acham que a medicina do futuro será feita com *smartphones*, com computadores programados com Watson, por exemplo, da IBM. Esqueceram-se de que esses mesmos genes e átomos fazem parte dos seres humanos, conjuntos que funcionam em harmonia, por mágica.

A medicina deve sempre lutar por novas conquistas, mas não pode apagar as vitórias do passado, as descobertas extraordinárias dos nossos ancestrais, até mesmo porque a função da nossa história não é simplesmente coletar fatos e datas, mas nos lembrar de quem somos, do que fizemos e do que queremos.

Tríade 8

Se o amor bastasse

Adoeceriam somente
Os que não amam
Música e sonhos
Não existiriam

Não necessitaríamos da fé
Nossos dias
Não seriam um milagre
O mundo murcharia

Onde se esconderiam
As noites?
E para que nasceriam
Os dias?

Mas é com trabalho
Criando com vontade
Unindo paixão ao amor
Que vivemos de verdade

O bebê de Martina

Eram oito horas exatamente. O ambulatório da Neuromuscular estava lotado. Lembro-me bem daquela manhã: o professor Acary Souza Bulle de Oliveira estava zonzo. Muita gente o solicitava ao mesmo tempo.

Depois de despachar com Roseli, minha eterna secretária, uma das mulheres mais bondosas que conheci, percebi que alguns residentes se distraíam olhando um lindo bebê no pátio de espera.

Logo após, fiquei sabendo que a mãe, o marido e a criança haviam vindo do Nordeste para passar comigo. Entrementes, sua mãe, a avó da criança, havia me ligado dizendo que sua filha já passara por inúmeros médicos sem qualquer sucesso. Disse também que ela se tornara cadeirante cerca de dois meses antes e pagaria qualquer coisa para...

Era uma moça branca demais, assim como a neve. Não tomava sol. Aliás, nunca tomou. Seu marido, gordo e feio, era bem esquisito. O bebê estava bem arrumado.

Iniciada a anamnese, Martina me contou sobre suas dores generalizadas e insolúveis e que havia vindo a São Paulo para fazer uma biópsia muscular. Queria um diagnóstico. Já tinha sido submetida a quase tudo em relação a protocolos de tratamento para doenças autoimunes: corticoides, imunossupressores, pulsoterapia, plasmaferese, azatioprina, metrotrexate, analgésicos...

Nenhum medicamento tinha efeito prolongado. Em certas épocas, melhorava um pouco, mas logo depois voltava a sentir dores terríveis e, recentemente, havia parado de andar.

Durante a história, notei que o marido não abriu a boca uma vez sequer. Martina também tinha perdido muito cabelo e apresentava uma alopecia considerável. A pele do couro cabeludo era lisa e brilhante. Apesar de tudo isso, os traços do seu rosto eram muito bonitos. Era uma bela moça.

Obesa, no exame neurológico, avaliando a força muscular, não me convenceu ser parética ao ponto de justificar o uso de uma cadeira de rodas.

Realizei a biópsia muscular no músculo deltoide superficial, como de rotina há 30 anos em nosso laboratório. O resultado foi uma vasculite linfoplasmicitária, com discreta atrofia muscular, corroborando o quadro clínico.

Ao lhe informar o diagnóstico, ficou extremamente feliz. Perguntou-me se poderia curá-la. Respondi que tentaria da melhor maneira possível.

– Martina, antes de começarmos, gostaria de dar uma olhadinha nesse seu bebê, posso? É menino ou menina?

– É menina.

– Ela é tão quietinha, deixe-me vê-la.

Era uma boneca! Fiquei paralisado por uns instantes. Lembrei-me de um filme, *A Garota Ideal*, sobre um homem que namorava uma boneca.

Depois do susto, passei a observar o comportamento do casal frente à boneca – que era o máximo, super bem vestida. Conversavam com ela naturalmente, ofereciam-lhe mamadeira; enfim, era como se fosse um bebê de verdade. E parecia mesmo.

De quando em quando, sua mãe me telefonava para saber como andava o tratamento. Disse-lhe que era a primeira vez que passava por uma situação como essa, mas que iria tentar.

Ficou óbvio para mim que Martina não aceitaria um psiquiatra ou terapeuta. Tentei conquistá-la. Meu silêncio sobre a identidade da boneca ajudou muito. Devagar, ela passou realmente a confiar em mim cada vez mais.

Iniciamos a reabilitação com fisioterapia aquática e motora, com carga e resistência. Administrei, paralelamente, 10 mg de hormônio anabolizante. Na terceira semana, Martina começou a andar na piscina! Animou-se e melhorava a cada dia.

Perscrutando sua vida, entendi que seu problema era sua família, a ausência do pai e sua revolta com a mãe.

Os dias foram passando até que, num determinado momento, pediram para conhecer minha casa. Convenci Martina a deixar a cadeira de rodas no táxi, devido às escadas do apartamento, convencendo-a de que ela seria capaz. Ela aceitou, para minha enorme felicidade.

Jamais me esquecerei daquela tarde, quando, em pé no terraço, virou o rosto, olhou-me no interior dos olhos e disse, do nada:

– O senhor está falando isso porque sabe que meu bebê é uma boneca, né?

– É lógico, sempre soube.

Durante esse tempo, o marido sempre me pareceu um simples aventureiro. Depois compreendi que ele também possuía sérios problemas emocionais. Vivia em constante conflito.

Cada vez mais concentrado em Martina, acompanhei sua melhora espetacular. Após 40 dias, não só havia voltado a andar, mas era capaz de subir escadas. Suas dores diminuíram.

Estava na hora de partir. Um pouco relutante, Martina me fez prometer que eu ficaria a postos para qualquer recaída.

Chegou o dia de se despedirem. Estávamos todos muito felizes. Não sei por que me veio essa ideia:

– Martina, que alegria, posso te pedir uma coisa?

– Tudo o que o senhor desejar.

– Você está andando, graças a Deus, subindo escadas, suas dores vão desaparecer. Você deve agora seguir o seu caminho. Pode me deixar sua boneca? Guardarei na Neuromuscular, mostrarei aos alunos, contarei sua história. Um dia, ela poderá ajudar outras pessoas.

– Não posso, não, doutor.

– Mas por quê, Martina?

– Porque, assim que voltar à minha cidade, ela voltará a ser a única coisa que tenho.

Um mês mais tarde, Martina me ligou para dizer que havia voltado para a cadeira de rodas.

A vida conspira para a vida

Eu amo ir à praia, mas para chegar lá, há 50 anos, éramos obrigados a passar pela cidade de Cubatão, marcada na história pela infâmia praticada pelos políticos em relação à poluição ambiental.

Cubatão foi responsável por um dos maiores crimes ambientais durante mais de uma década!

A hipocrisia com a vida dos operários dessa cidade foi imperdoável. Obrigados a trabalhar respirando um ar irrespirável, com taxas indecentes de monóxido de carbono exalado por dezenas de indústrias.

Assim, como consequência nefasta da destruição da natureza pela mão humana, tivemos uma epidemia de anencefalia. Recém-nascidos malformados, sem cérebro.

Nessa época, como médico patologista, resolvi estudar a questão, que me revoltava e esteve comigo a me atormentar durante anos. Costumava me perguntar: por que Deus fez isso? Por que deixar um anencéfalo nascer se ele viverá poucos meses, trazendo tanta dor e infortúnio para sua mãe? Isso me parecia um gesto extremamente cruel!

Durante algumas necropsias que realizei, não conseguia deixar de pensar nessas mães. As mulheres carregam dentro de si o espírito de Gaia: cuidam de sua gravidez como um tesouro escondido em seu ventre. Pensava em como deveria ser horrível receber essa notícia num pré-natal ou, pior ainda, para aquelas mulheres mais humildes, no momento do nascimento.

Esses recém-nascidos podem nascer, respirar e até sugar o seio; são capazes de ser alimentados, às vezes, por mais de três meses. Isso acontece quando nascem com o tronco cerebral íntegro, sendo a região bulbar responsável pelo automatismo da vida, como a frequência cardiorrespiratória.

Por que a natureza cometeu tamanho engano?

Imaginava as mães cuidando de si mesmas, pensando no bebê que iria chegar, ao receber a notícia ou ter o próprio recém-nascido em suas mãos e descobrir que ele é extremamente malformado. Mesmo assim, teriam de amamentá-los, sabendo que suas vidas seriam tão breves.

Esses recém-nascidos que nascem sem cérebro apresentam numerosas más-formações, ausência de músculo, calota craniana e face deformada. Sobretudo o achatamento do crânio confere anomalia grosseira. Para que isso, meu Deus?

Passei anos tentando entender, até que um dia, justamente na praia, veio-me a resposta. Lembro-me ter pedido perdão a Deus por ter duvidado de sua luz e bondade. Guardo essa lição até hoje.

A resposta é simples: para a origem da vida na Terra foram precisos bilhões de anos, com infinitos choques moleculares, entre infinitas formas e tentativas de acoplamentos compatíveis. Deve ter sido um imenso sacrifício para que o sopro divino conseguisse gerar a vida. A vida é uma obra sagrada. Deus, com certeza, preferiu gerar uma vida a qualquer preço e a qualquer custo, em qualquer situação, a não gerar vida alguma. Ou seja, melhor oferecer o milagre da vida a uma criança por três meses, do que não oferecer vida alguma.

Quanto à má-formação, quem a define sempre somos nós. A vida sempre conspira para a vida. Nós e os demais seres vivos conseguimos resgatar a saúde quase sempre sem qualquer auxílio, sobretudo nós, sem necessitar de um médico, recuperamos na imensa maioria das vezes a saúde após gripes, resfriados e disenterias.

A vida sempre conspira para a vida. Nossa equipe de reabilitação vivenciou algumas vezes pacientes traqueostomizados que ficaram algumas horas sem respiradores mecânicos e não evoluíram com parada respiratória.

Tríade 9

Nossa casa está cheia de amor e pássaros

Desperta uma nova manhã
O sol, o céu e a terra
Parecem tímidos
Ainda estão frios

Meu pensamento não
Está refletindo a milhão
Tantas coisas a fazer
Correr, trabalhar e viver

Tolsty está dormindo
Geminiano como Patrícia
Dormem como anjos
Sonhando juntos ao meu lado

Percebo a luz aumentando
Nosso amor vai acordando
O jardim se espreguiçando
Repleto de pássaros cantando

O estado abúlico

Era quase de noite. Última consulta. Um casal mineiro tinha vindo para realizar uma biópsia muscular. Maria Helena aparentava 50 anos, quase não me olhava nos olhos. Seu marido, bastante preocupado, prestava muita atenção nas minhas palavras.

Antes de biopsiá-la, fiz uma anamnese curta, assim como faria o exame físico. Logo no início da anamnese, ela me interrompeu e disse:

– O senhor não vai ver meus pés?

– É claro que sim – respondi, calmamente. Mas espere um pouco, preciso saber mais algumas coisas sobre você. Por que o médico te pediu uma biópsia muscular?

Era uma mulher deprimida. Mais que isso, tentara tirar sua vida mais de uma vez, sem ânimo para nada, não esboçou chorar nenhuma vez. Estava com raiva. Raiva da vida, de si mesma, do marido.

– Doutor, o senhor não vai olhar meus pés?

O marido, ao contrário, era engraçado, apesar de sua preocupação. Ajudava-me muito na conversa.

Terminados os relatos, comecei o exame físico. Paresia proximal, mialgia moderada em todos os músculos e, quando, finalmente, retirei suas meias, entendi por que ela insistia tanto em mostrar os pés.

Um deles, o direito, estava com gangrena, absolutamente negro. Era um pedaço morto de seu corpo. A dor, impossível de ser controlada por medicamentos, não permitia que Maria Helena adormecesse. Há muitos dias, ela não podia precisar quantos, estava sem dormir.

Numa das mãos, o processo havia começado e comprometido dois quirodáctilos com a mesma intensidade de dor. Fiquei impressionado com seu pé. Nunca havia visto algo parecido. Não trato pacientes diabéticos e aquela imagem de Maria me impressionou.

Era feriado. Fiquei um pouco aflito. Sabia os riscos que ela corria e comecei a procurar um colega vascular para me ajudar. Logo após a realização da biópsia muscular, encontrei um colega, que conheceu meu pai. Doutor Paulo* aceitou meu convite para tratarmos da paciente.

Ele a internou no hospital imediatamente, com administração endovenosa de prostaglandina. Disse que se tratava de uma poliarterite nodosa. O resultado da biópsia muscular foi de uma miopatia inflamatória, polimiosite; portanto, estávamos diante de uma colagenose ou doença autoimune mista.

Disse ao dr. Paulo que iria submetê-la à psicanálise com um colega e começaria desde já a reabilitá-la com fisioterapia, usando inteligência neuromuscular.

---

* Professor Dr. Paulo Coifman – reumatologista do Hospital Sírio Libanês.

Fiz com que Maria caminhasse com dor. Ela me xingava, esbravejava, mas andava 5 minutos e fomos aumentando progressivamente.

– Morrer é fácil, Maria. Duro é viver – dizia. Você é muito nova, vamos tentar recuperar esses pés (o outro começava a piorar também).

E foi assim. Um mês, apenas 30 dias, e Maria parecia outra pessoa. A gangrena foi melhorando, as unhas caíram, parecia que os dedos cairiam também, mas o aspecto não era mais de um pé sem vida. Mexia os dedos e já era capaz de caminhar por uma hora.

Ela tomou corticoide por um tempo, devido à sua miopatia inflamatória. A cor dos pés e das mãos foi, gradativamente, voltando. Incrível, não deixou qualquer sequela. Hoje, ela está perfeita, trabalha, anda, corre... Não deseja mais se matar, apegou-se mais a Deus e, sobretudo, readquiriu o prazer de trabalhar e viver. Continua se queixando de que a vida é dura, mas assim é para todos.

O dr. Paulo disse-me que, no início, tinha certeza de que ela sofreria uma amputação. Disse também que nunca havia visto aquilo acontecer. Perguntou-me várias vezes:

– Beny, o que você fez? Qual é o segredo?

Respondi a ele que não fomos nós, nossa equipe, que havia sido ela. Ela decidira viver de novo.

Atualização médica

Antes mesmo da certeza de querer tornar-me médico, meu pai dizia:

– Pense bem, filho. Ser médico é uma grande responsabilidade e você não poderá nunca deixar de ler, estudar e se atualizar.

Na época, guardei a ideia de que a atualização médica significava acompanhar as novas estratégias de tratamento, a evolução dos medicamentos e das tecnologias.

Passaram-se mais de 50 anos e, hoje, observa-se que valorizamos demasiadamente as novidades, menosprezando nossas incontáveis conquistas no curso da história da medicina.

Vivemos criando ininterruptamente novos produtos para aprimorar a arte médica, sem termos compreendido problemas antigos.

Enquanto a filosofia provoca, a política decreta e dita o nosso caminho. Neste momento, sob o domínio mundial da indústria farmacêutica, estamos perdendo o raciocínio clínico. Nossa mente tem a capacidade de percorrer todas as épocas. Mantendo as portas abertas para a sabedoria, utiliza o tempo para se recriar constantemente, deixando um rastro de perfume na eternidade. Assim é a nossa mente, que, aproveitando o tempo soberanamente, é capaz de unir passado, presente e futuro a cada instante da vida presente.

Deveríamos consagrar maior valor à reflexão, sempre observando a natureza. Apreciar os pacientes em conjunto, mas, ao mesmo tempo, isoladamente. Pois, na medicina, cada caso é um caso.

É óbvio que protocolos e classificações são importantes, mas, ao prestar atenção a um determinado paciente, tentar compreendê-lo, enxergá-lo como um ser único, como um exemplo pequeno do universo, estamos humanizando nossa arte de cuidar e de praticar a medicina.

Atualizar-se não significa somente ler artigos novos e administrar medicamentos de última geração, mas também reler conceitos e artigos antigos após algumas décadas de vida; afinal, a melhor sabedoria adquire-se com o passar do tempo.

Com os apodrecimentos dos pés e das mãos, Maria Helena ficou transfigurada. Para ela, sua vida tinha deixado de ser sagrada. Por três vezes tentou o suicídio, pois é bem mais fácil abandonar o nosso caminho do que lutar pela felicidade.

Não entregamos literalmente sua vida de volta. Não, simplesmente mostramos a ela o caminho da dignidade que todo ser humano deve ter. E, sobretudo, o imenso respeito pela criação do Senhor.

Escrevi este texto pela primeira vez no final de maio de 2015 e, por coincidência, reescrevi-o quase um ano depois, em maio de 2016, pois me senti obrigado a desejar a todos os leitores um pouco de paz, inspirado pela época em que se celebra o feriado de Corpus Christi.

Tríade 10

A luz do olhar

Pretendendo dizer
Tudo que sabe
Espalha-se pelo ar
A luz do olhar

Iluminando profundamente
A vontade interior
Exprimindo docemente
Nossos desejos com amor

Pensamentos e ideias
Estados de espírito
Formas de matéria
Magma da alma

Não há nada assim
Vindo do fundo de nós
Capaz de nos tocar
Como a luz do nosso olhar

Pura meiguice

Magro, rosto afilado e pálpebras caídas. Olhar tristonho, vago, inexpressivo e incrédulo. Sua voz era anasalada, quase ininteligível, desanimado, cansado. Estava vivo, mas vivia como um morto.

Tinha apenas 20 anos, mas sua alma parecia muito antiga. Era serena e acostumada ao sofrimento.

Ele dizia estar cansado dos médicos e lutava todos os dias com galhardia para manter a dignidade e a honra de existir.

Era meigo como as águas do mar, que, quando estão serenas, mimetizam um lago. Pura meiguice.

Acabara de voltar da Columbia University, onde seus pais o acompanhavam nas consultas uma vez por ano. Professores de ponta já tinham realizado seu diagnóstico molecular. Tratava-se de duas deleções no seu DNA Mitocondrial.

Ele tinha a audição comprometida, era bem magro e apresentava frequentes ocorrências gastrointestinais. Sua biópsia muscular mostrava numerosas fibras do tipo *reagged-red*, o que tornava seu diagnóstico simples para um patologista muscular: oftalmoplegia plus ou citopatia mitocondrial.

Foi aconselhado a tomar enzimas para o metabolismo mitocondrial, vitamina B, ácido fólico, enfim, seguir o protocolo da época (2015) para mitocondriopatias. Foi proibido de praticar esportes, podendo realizar poucos exercícios, tendo em vista que apresentava queda de capacidade vital, baixo VO_2 máximo e insuportável intolerância ao calor.

– Doutor, o senhor pode me ajudar?

Justamente naquela semana, tínhamos acabado de realizar um trabalho de reabilitação com um paciente portador de miopatia mitocondrial com enorme sucesso. Inovamos, preconizamos exercícios anaeróbicos e com resistência, visando a uma hipertrofia de fibras musculares do tipo II.

Expliquei aos pais, extremamente simpáticos, minha ideia sobre os procedimentos. A princípio, o pai me achou louco. A mãe, mais ainda. Mas, em pouco tempo, ganhei a confiança de ambos. Telefonavam-me quase que diariamente.

Rodrigo costumava ir frequentemente ao pronto-socorro para tomar soro. Em pouco tempo, tornou-se um amigo. Tomou suplementos e um pouco de hormônio anabolizante (oxandrolona). Em apenas um mês, sua força distal resgatou uma potência tal que não cansava de exibir. Fazia questão de apertar a mão de todos na clínica.

Foi capaz de praticar 250 abdominais diários. Passou a sair com os amigos, beber cerveja. Sua vida tinha realmente começado.

No momento em que este livro está sendo produzido, trabalhamos com fisioterapia funcional e concentração, que, aliadas a terapia ocupacional, permitem que corte um bife sozinho nas refeições. Sua ataxia melhorou incrivelmente.

Rodrigo é um rapaz feliz, como nunca tinha sido. Voltou para a faculdade de psicologia em agosto de 2015.

É difícil não se emocionar com esse rapaz. Sua inteligência e a doçura do olhar são contagiantes. Rodrigo nunca mais precisou recorrer a um pronto-socorro.

Que ele possa seguir seu caminho e cumprir seu destino com dignidade.

Nota: no Parque Ibirapuera, ele começou a correr praticando tiros de 50 metros em uma linha reta. Nesses momentos, duvido que algum neurologista no mundo possa supor que ele é portador de ataxia!

Genética

Ciência que estuda os genes. Minúsculos pedaços compostos por moléculas que expressam as características dos seres vivos, responsáveis pela persistência das espécies no tempo.

Os genes e todos os demais elementos inorgânicos contam a história da matéria. Essas manifestações seguem automáticas o curso da natureza sob o comando de Deus.

Médicos são emissários de saúde. Os verdadeiros sacerdotes possuem amor pelos seres vivos e pela vida, capazes de ajudar seus semelhantes para seguirem suas jornadas com a melhor saúde possível.

Aos médicos cabe questionar permanentemente os conceitos, condutas, medicamentos, protocolos, orientações alimentares, enfim, tudo que possa interagir com nossa qualidade de vida.

Infelizmente, hoje, muitos colegas perderam o rumo, foram absorvidos do seu caminho pela tecnologia e, sobretudo, pelas questões econômicas.

Um mar de políticas sociais infames, grupos mercenários de assistências médicas particulares, o abuso do lucro pelas indústrias farmacêuticas e informações infinitas estão confundindo o espírito médico. Esse cotidiano de notícias globalizadas e a necessidade de ganho para viver confundem seu pensamento.

A complexidade da história dos seres vivos e sua trajetória não podem ser enxergadas por um simples par de olhos. Mas um simples par de olhos pode reconhecer um ser humano doente e ajudá-lo com sabedoria. Não podemos esquartejar um paciente em meros conjuntos de tecidos de um órgão, isolado, como se ele pudesse adoecer sozinho, alheio ao restante do organismo.

A moda da genética passará. Oligonucleotídeos, vírus mutantes, aceleradores e bloqueadores da expressão gênica terão que recosturar e interagir com o organismo por inteiro para serem realmente úteis à medicina.

As próximas modas, a farmacogenética, uma medicina atômica, deverão seguir um caminho semelhante.

O olhar do médico deve abranger o indivíduo como um todo, incluindo seus semelhantes mais próximos, ao redor do seu meio ambiente.

A evolução da nossa experiência científica sempre será o entendimento mais pleno do ser constituído através de uma mentalidade aberta construída pelas memórias de todas as épocas da medicina, inclusive da magia.

Rodrigo passou 20 anos vivendo com um diagnóstico molecular. Era como se estivesse vivo, mas atado a correntes de genes, enzimas. Mal podia se mexer! Precisamos entender que, ao invés de tratar de um gene, de um átomo, devemos cuidar de um paciente.

Quanto a todos os mundos modernos que sobreviverão à arte médica, possuem sabedoria suficiente para continuar suas jornadas. Basta aos médicos prosseguir com seus espíritos críticos, tomar muito cuidado com as opiniões de massa e colocar sempre em primeiríssimo lugar a sua consciência.

É na consciência que se encontram a ética e o caráter da nossa profissão.

Tríade 11

O espelho mágico

Guardará consigo
Imagens de almas
Ou só refletindo
Documenta passagens

Empurra toda luz
Que lhe toca
Ou absorve
Alguma coisa profunda

Se viver só refletindo
Não faz sentido
Pois que na vida
Tudo está reagindo

Mas se viver
A tentar absorver
Por inteiro o miasma
Então o espelho entusiasma

O acaso

Por acaso? Não sei. É uma discussão sem fim, se o acaso existe ou não. Mas, certa tarde, num supermercado, uma senhora de, aproximadamente, 50 anos, abordou-me:

– Senhor, por favor, sabe onde tem uma farmácia aqui por perto? O mais perto possível?

– Por quê? A senhora está passando mal?

– Olha, rapaz, tenho muitos problemas e sou asmática. Você conhece uma farmácia próxima ou não? – disse, endurecendo um pouco a voz.

– Senhora, vou lhe ajudar. Sou médico. Posso, inclusive, resolver a sua asma. Tenho alguma experiência nisso. A asma, em geral, é uma doença que compromete crianças e, normalmente, desaparece na adolescência. O fato de a senhora ainda não ter sarado significa muita coisa.

– É mesmo?

– É. Quer ir ao meu consultório? Eu te dou a consulta de presente. Como se chama?

– Meu nome é Nina.

– Combinado, Nina, quinta-feira, às 10 horas, você pode?

– Posso.

Passei meu endereço e fomos embora.

Quinta-feira, há mais de 20 anos...

– Bom dia, a senhora veio. Que bom!

– Nossa, como é bonito aqui. Que vista linda.

– Obrigado, Nina. Quantos anos você tem?

– 52 anos.

– É casada?

– Sou. Amo meu marido.

– Tem filhos?

– Tenho quatro filhos, amo-os muito também. Sabe, doutor, minha asma é terrível. Tem épocas, como agora, em que não consigo dormir sem a minha bombinha.

– Nina, diga-me como é a sua vida.

– Normal. Acordo cedo, vou trabalhar, sou corretora de planos de saúde. Tenho marido advogado.

– E nos finais de semana, o que vocês costumam fazer?

– Temos um apartamento na praia, em Ubatuba. Costumávamos ir muito para lá, principalmente quando nossos filhos eram pequenos.

– Diga-me uma coisa: algo em especial te incomoda?

– Não, doutor. Posso lhe dizer francamente que sou uma mulher feliz.

Procedi a um exame clínico habitual e não havia nada que chamasse atenção. No exame físico, era uma mulher forte e saudável. Prestei atenção nos exames subsidiários que possuía e voltamos a conversar.

– Fale-me um pouco sobre o seu passado. Fale-me também sobre sua família.

– Não tenho muita coisa para dizer, não, doutor.

– Será mesmo, Nina? Fale-me sobre seu pai.

– Amo meu pai. Ele e minha mãe são separados há algum tempo, mas ele sempre me tratou como uma princesa.

– Muito bom! E a sua mãe, como ela é?

– Ah, doutor, sobre isso não quero conversar.

– Mas, Nina, posso lhe ajudar. Me conte um pouco. Por que você não quer falar sobre ela?

Depois de alguma insistência, contou-me que sua mãe traía seu pai praticamente todas as semanas. Assim que ele saía para trabalhar, levava-a para uma padaria e a deixava esperando, sozinha, enquanto se encontrava com outros homens. Nina relatou que tinha medo que algum deles lhe fizesse mal. Durante sua vida inteira nunca tivera coragem, até aquele momento, de contrariar em nada sua mãe.

Ao final, disse-lhe tranquilamente:

– Onde ela mora?

– Mora num sítio, perto de Campinas.

– Pois vá até lá e diga exatamente assim: diga que seu médico falou que a asma que você tem e com a qual sofreu a vida inteira é culpa dela!

– Doutor, esqueça! Não tenho essa coragem.

– Então, Nina, me desculpe, mas não posso te ajudar. Pense bem, reflita sobre tudo que conversamos. Sinta-se absolutamente confortável para me ligar na hora que quiser.

Passados dois dias, toca o telefone. Uma voz em soluços e aos prantos balbucia palavras incompreensíveis.

– Alô, alô, quem está falando? Não estou entendendo...

– É a Nina.

Imediatamente perguntei:

– Você fez aquilo?

– Fiz.

– Que bom, e daí? Por que está chorando tanto? Onde está? Precisa de alguma coisa?

– Não, doutor, estou na igreja, rezando pelo senhor. Ontem, após 52 anos, tive a melhor noite de sono de toda a minha vida.

O tempo passou. Encontrei-a outro dia. Nina nunca mais precisou usar nada para adormecer.

Espelho de carne e alma

Atualmente, a ciência médica pensa que brinca de Deus ao tentar tratar de genes. No futuro, tratará de átomos. Quem sabe, também, de neutrinos, que atravessam nosso corpo durante a vida inteira.

Mas se esquece, invariavelmente, de que esses mesmos átomos, genes e neutrinos formam seres humanos. A medicina só tem razão em existir se praticada humanisticamente com olhos bem atentos para tudo aquilo que cada um de nós representa.

Alguma coisa me diz que não será maltratando ratos, gorilas e coelhos, ou vendendo animais transgênicos, que chegaremos a um bom lugar. A energia que exala dessas experiências não pode ser boa, assim como os alimentos oriundos de práticas imundas com pequenos animais. Estes, que já nascem em cativeiro, não devem ser realmente saudáveis para a nossa cadeia alimentar.

Nunca os seres humanos precisaram tanto de um espelho mágico que revelasse todos os detalhes de carne e alma de que são feitos.

Adquirimos tanto conhecimento, mas nossa vida está muito distante do paraíso.

Aonde queremos chegar?

Afinal de contas, qual a razão de tanto conhecimento, tratamentos, medicamentos e ciência, se não otimizar a vida de homens e animais e embelezar o mundo?

Em muitas ocasiões, a propedêutica, os exames físicos, a anamnese e todos os exames subsidiários quase nada revelam que possa fornecer uma origem a esses problemas. Uma quantidade difícil de se medir de doenças que denominamos autoimunes tem como patogenia o modo de vida da própria pessoa. Não poderia haver nada melhor para esses pacientes que um espelho mágico que refletisse sua imagem de carne e alma para reencontrarem a si mesmos e resgatarem seu caminho na vida.

Tríade 12

Tolsty Talismã

Imã, manhã
Tupã, catamarã
Tolsty talismã
Num paraíso, uma romã

Sorte ter Tolsty
Ao meu lado
Tão abençoado
Esse meu cão amado

Enquanto a vida passa
Cobra tanto da gente
Tarda o anoitecer
Mas longe de ser vilã

É multicampeã
Unida aos titãs
Doce como uma maçã
Tolsty é meu fã

O velho capenga

No final da tarde, após um dia repleto de afazeres, voltei para casa com Tolsty para me trocar. Ia dar uma palestra no início da noite, na Escola Paulista de Medicina, justamente um pré-lançamento do meu livro *Tolsty, Retratos de um amor por um cão.*

Estávamos cansados, tínhamos caminhado o dia inteiro, as nuvens carregadas anunciavam uma pancada de chuva fortíssima no cruzamento da Avenida Brasil com a Brigadeiro Luis Antônio. Relâmpagos estrondosos diziam que, apesar do meu super guarda-chuva, ficaríamos encharcados.

De repente, um táxi se aproxima, sem que eu o tivesse chamado, e nos oferece ajuda. Aceitei a gentileza.

– Senhor, não vai ligar o taxímetro?

– Não, essa corrida será cortesia.

– Puxa, muito obrigado, mas farei questão de acertar. Mas por que o senhor disse isso?

– Vim observando o senhor mancando desde a Avenida Nove de Julho. Estou indo para casa e resolvi ajudá-lo. Na sua idade, mancando, com esse cachorro e essa chuva que vai cair, por que não?

Aquele senhor tinha acabado de me chamar de velho capenga. Fiquei furioso! A primeira coisa que me veio à mente foi que, naquela segunda-feira mesmo, iria procurar um cirurgião plástico. Oras bolas, velho capenga? Depois de um dia correndo e caminhando? Essa foi demais.

Agradeci ao taxista, que se negou veementemente a receber, e fui preparar a palestra do lançamento do livro.

Lembrei-me de que, na semana anterior, outro taxista tinha achado que Patrícia, minha esposa, era minha filha. Estava ficando chateado com essas histórias, quando outro pensamento me veio à mente: por que, ao contrário desses taxistas, a grande maioria das pessoas que me conhece, que convive comigo, não me chama de deficiente ou manco? Minha mulher ainda acha que sou lindo! Não me enxerga como idoso.

Faz mais de quarenta anos que perdi a inervação posterior dos músculos da perna direita e, consequentemente, adquiri uma atrofia muscular nítida. Porém, essas mesmas pessoas, nem mesmo na praia, percebem. Não reparam nisso. É estranho.

E aquele danado taxista que não me conhece deixou explícita minha condição. Por que será? Talvez seja por causa da vitória que tive na vida, construindo uma família tão linda, tão humana, conquistando com trabalho e muito estudo uma posição médica reconhecida, sobretudo por todos aqueles que realmente me interessam, ou seja, meus pacientes.

Acho que pode ser isso que distorce a minha imagem física real observada pelos desconhecidos. E daí? Daí vem uma certeza, uma lição de vida. Não importam a nossa aparência, as nossas deficiências, quaisquer que sejam. Se todos pudermos viver em luta para cumprir cada um seu próprio caminho, a luz agradecerá e brilhará sempre acesa, fornecendo-nos paz. Afinal, existe mais bela maneira de agradecer ao Senhor pela vida que temos?

O fim de um sonho. Começo de uma jornada

Eram seis horas da tarde. Do terraço da sala na casa de meus pais, Benjamin José Schmidt e Sima Maria Schmidt, na Rua Cardoso de Almeida, 2144, Pacaembu, sentado sobre um lindo mármore negro, pensava introspectivamente.

"Meu pai é o máximo. Casa com piscina! Como trabalha, como luta, que orgulho. Será que um dia vou conseguir fazer algo parecido?" A introdução do teste do pezinho em tantos países deu-lhe a presidência internacional da Sociedade de Pediatria, com sede em Paris, durante dez anos!

Não era exatamente o título que me impressionava, apesar de ter sido o primeiro cientista brasileiro a ser eleito, merecidamente, para tal cargo, mas sim o significado futurista de uma medicina essencialmente preventiva, com apologia à promoção de saúde. Pensei quase lacrimejando: Benjamin José Schmidt, meu pai, é o cara!

Após essa reflexão, voltei o pensamento para mim mesmo. Minha *caranga*, um Mustang Stingray, a Escola de Medicina da Santa Casa de Misericórdia, minha idade, 18 anos. Achavam-me lindo. Meninas e mais meninas, amigos, meu futebol amado. O que mais poderia desejar um garoto?

Nessa época pensava em três coisas, nessa ordem: futebol, meninas e estudar medicina. Jogava futebol em todos os lugares, na praia, no clube, na rua. Sonhava em ser jogador.

Tramava em sonhos como conciliar os estudos e me tornar um ponta-direita profissional, sem meus pais saberem. Sonhava em jogar no Santos.

Vivia tão feliz que, sinceramente, certas vezes senti que meu sorriso incomodava alguns colegas.

Até que, certo dia, na Barra Funda, num jogo amistoso entre os amigos da Santa Casa, um colega, sem querer, colocou o joelho colado à minha perna para interceptar um chute meu ao gol. Naquela manhã, lembro-me de que estava eufórico: tinha feito dois golaços no jogo que chegava ao fim.

A perna direita partiu, literalmente, em duas metades. Ficou presa apenas pela pele. Não foi uma fratura exposta, mas foi completa, impressionante. Dois alunos que estavam ao meu lado desmaiaram de imediato. A dor que senti é indescritível. Meu cérebro, naquele instante, pensava em duas coisas: o que seria da minha perna e se eu poderia voltar a jogar.

Consegui, não sei como, manter a consciência, desmaiando, finalmente, com a chegada da ambulância. Quando acordei já estava engessado até a raiz da coxa e assim fiquei durante dois intermináveis anos.

Nessa hora não é nada bom ser filho de médico famoso. Os ortopedistas da época eram relutantes em me operar, ficaram com medo do meu pai; afinal, era filho de Benjamin José Schmidt.

Minha fratura cursou com uma pseudo artrose. Era como seu eu tivesse dois joelhos. Terrível! Futebol nunca mais, pelo menos de alto nível. Chegaram a pensar em amputação. Alguns ortopedistas daquela época deveriam ter escolhido a profissão de açougueiros. Toda vez que ia aos consultórios de ortopedia para ver se a fratura tinha consolidado era uma tortura. Rezei muito.

A vida continuou, mas meu coração se partiu. Não era mais aquele garoto extraordinariamente feliz. Nem mesmo uma nota dez em neuroanatomia, a primeira da história da Faculdade da Santa Casa de Misericórdia, absolutamente impossível, devolveu-me a completa alegria de viver.

Os dias, os meses, os anos se passaram, mais precisamente 4 anos, 11 meses e 6 dias. Lembro-me perfeitamente, como se fosse hoje. Durante todo esse tempo, andei de muletas, trabalhei, estudei como um louco, viajei, namorei, tentei seguir em frente.

Até que, finalmente, convenci meu pai a me deixar operar. A primeira osteossíntese da Escola foi realizada e foi exatamente assim que aconteceu: eu e meu amigo Márcio Baliero estávamos dentro do seu carro, na Avenida Angélica totalmente congestionada. O trânsito permanecia imóvel havia mais de 20 minutos. De repente, abri a porta do carro, senti que tinha chegado a hora, senti que, naquele dia, que naquele momento, minha vida voltaria a ser, pelo menos em parte, como antes.

Num gesto maluco, peguei bruscamente as muletas de madeira e quebrei-as violentamente num poste da avenida. Eu sabia: dentro de mim, voltei a andar! Nesse momento, havia um ônibus lotado bem na nossa frente. Percebi que uma moça linda, morena, que observava a cena, deixou escorrer lágrimas em seu rosto. Logo depois, vi outras pessoas chorando através das janelas; emocionadas, compreendiam o que estava acontecendo comigo. Meu amigo permaneceu estático, incrédulo: obrigado, meu Deus.

Aquele pesadelo chegara ao fim. Paguei com juros meu pecado, que imaginava qual poderia ter sido.

Voltei a andar sem muletas. Perder a marcha no auge da vida foi um duro castigo. O sonho de ser jogador de futebol terminara.

Uma nova jornada me aguardava. Nunca poderia imaginar, mas talvez ela tenha começado com ninguém menos que ele, o rei do futebol, Pelé.

Certa noite, ele mesmo, em pessoa, meu ídolo, meu herói, numa festa poucos dias antes de deixar para sempre as muletas, aproximou-se de mim e disse:

– Meu garoto, tão lindo, rodeado por tantas belas meninas, por que seu olhar é tão triste? Você pode me fazer um favor?

– Pois não, senhor.

– Você conseguiria me apresentar àquela menina lá no fundo do salão? Está vendo ela? Aquela lá!

Chamava-se Carmita Medeiros. Imediatamente, cumpri seu desejo e, então, ao lado dela, ele me agradeceu perguntando:

– Por que você está tão triste? É por causa dessas muletas? Olhe, não se deixe contaminar por isso. Eu já me contundi seriamente várias vezes. Logo, logo, você vai sarar.

– Senhor, estou tão feliz de conversar com meu ídolo, mas o meu sonho era ser jogador de futebol. A lesão foi muito grave e tenho nervos comprometidos. É irreversível.

Pelé respondeu de pronto, engolindo em seco e, percebendo seu erro, disse:

– Deus sabe o que faz, talvez seu destino não fosse esse. Vejo em seus olhos que você, certamente, encontrará seu caminho e será muito feliz. Confie em mim.

Foi um marco conversar com Pelé. Passei a me dedicar de maneira diferente na vida, tanto em relação à minha recuperação, como na carreira na medicina.

A espessura da minha batata da perna (músculo gastrocnêmio), após cinco anos de inatividade, era quase igual à circunferência da minha perna, que por sua vez era pouco maior que a do meu pulso!

Podia andar, mas mancava muito. Meus amigos caçoavam. Foi horrível, mas me livrar das muletas e encontrar Pelé, apresentar-lhe uma garota e ouvir suas palavras me deram ânimo novo. Comecei a caminhar por diversas horas, longuíssimas distâncias. Costumava ir do Pacaembu até o fim da Lapa. Muitas vezes, caminhei por mais de sete horas. Tinha a esperança de que a perna engrossasse.

Sabia desde aquela época que não adiantaria fazer fisioterapia com carga, pois tive lesão de nervos. Tinha vergonha de ir à praia, mostrar a deficiência.

Passados três anos, a coxa engrossou. Não chegou ao tamanho da esquerda, mas esta, por sua vez, diminuiu um pouco. Esteticamente, senti-me mais confortável. Já o gastrocnêmio aumentou muito pouco. Mas não desisti. Caminhei, caminhei. Pelas minhas contas dei bem mais que três voltas na Terra, durante anos e anos. Andava o dia inteiro.

Por volta dos 25 anos, tentei correr. Meu pai brigou muito comigo nessa época. Minha mãe também. Mas, capengando, lá ia eu, com raça, vontade, dores incríveis nos joelhos. Acabei conseguindo, então.

Voltei a jogar futebol!

10 de julho de 1988. Eram seis horas da tarde. Voltei do laboratório e Patrícia me esperava na porta de casa, vestida com um sobretudo xadrez. Lembro-me até dos meus olhos de apaixonado, do seu sorriso encantador. Ah, isso é amor.

– Quer se casar comigo, Patrícia?

E ela disse sim! Esse foi o dia mais feliz da minha vida. Até hoje, eu realmente não esperava que depois do acidente poderia ser tão feliz. Pelé acertou. Muitos dias a gente até se pergunta: “O que foi, meu Deus, que eu fiz?”

Na verdade, dos 30 aos 50 anos, parece que minha vida foi como um sonho. passou num instante. Meus filhos estão grandes. Jacqueline continua com igual determinação. Anita mudou, uma mãe que nunca vi igual, um genro legal e um neto sensacional. Marco não dá nem para falar ou escrever. Meu Deus, que delícia é viver.

Joguei até os 53 anos, feliz como o vento. Resolvi parar, não pelas dores, mas porque, quando me machucava, demorava para sarar. Fui bicampeão de um time do Clube da Montanha de Atibaia e pude mostrar ao meu filho que tinha sido um bom jogador de bola!

Continuo correndo todos os dias, vou correr até morrer. Continuo também caminhando muito. Há seis anos, acompanhado do meu amado cão Tolsty.

Vou com ele quase todos os dias à Escola Paulista de Medicina. O trajeto da Rua Doutor Melo Alves à Rua Estado de Israel tem seis quilômetros e meio. Ele me acompanha também nas aulas e com os pacientes pelos parques da cidade de São Paulo: Ibirapuera, Parque do Povo, Villa Lobos...

Leciono na Unifesp. Montei o Laboratório de Patologia Neuromuscular, atualmente, o maior arquivo de patologia muscular do mundo. Tenho fobia da língua inglesa e não sou fã dos Estados Unidos. Contento-me em trabalhar no Brasil, no meu cantinho. Sou brasileiro, tenho muito a fazer por aqui. Passei a vida a ensinar patologia muscular, sobretudo aos neurologistas, reumatologistas e fisioterapeutas. Esforço-me em passar aos outros tudo o que continuo aprendendo.

Plagiando Maffei, meus colegas futuros poderão me acusar de falta de engenho e arte, mas nunca de ter guardado comigo algum conhecimento e o levado para as profundezas da Terra.

Impossibilitado de ser um atleta profissional de alto rendimento, dediquei-me aos estudos. Leio incessantemente. Gostaria de viver para sempre para ler de tudo. Tornei-me especialista em várias especialidades médicas. Estudei também matemática, astronomia, filosofia e mitologia grega. Meu *hobby* é a leitura. Não assisto televisão, só futebol, claro.

Na última década fui acometido por vários acidentes vasculares cerebrais transitórios, que me deixaram pequena sequela (hemianopsia da vista esquerda). Fui obrigado a parar de dirigir e comecei a cuidar mais da saúde, evitar o álcool e me alimentar com inteligência.

Durante esse caminho, adquiri poucas certezas. A principal é a de que o trabalho é fundamental na nossa vida.

Em dois acidentes vasculares, cheguei a ficar cego, afásico e paralítico. Em meio ao desespero, fiz uma promessa a Deus: se eu pudesse recuperar os movimentos da mão direita, das pernas e a visão, trabalharia ainda mais, o máximo de horas possíveis no dia. Daria tudo de mim aos deficientes físicos, ajudando-os com tudo o que aprendo em suas reabilitações, vivendo como sempre, com fúria, dedicação e amor.

Parece que o Senhor me deu mais essa chance.

Epílogo

Depois de terminar a primeira versão do texto deste livro, revisei todas as tríades, colocando uma vírgula aqui, modificando uma frase lá, e considerei concluída a obra.

Porém, na manhã do dia 24 de agosto, voltando da praça Gastão Vidigal com Tolsty, escutei, do alto de um sobrado, uma voz me chamando: dr. Beny, dr. Beny.

Parei e, sem reconhecer quem era, perguntei:

– Quem é?

– É o Ronald.

– Como vai o senhor? É o pai da Mônica?

– Sou, sim! Espere um minuto.

Ele entrou em sua casa e voltou com um livro na mão. Era o último da minha Trilogia do Amor, *Tolsty, Retratos de um amor por um cão*. E disse:

– Agora sei quem você é, agora te compreendo.

Depois gritou:

– Santo Expedito, Jacqueline...

– Pois é, sr. Ronald, essa história é real.

– Que emoção, dr. Beny, vê-lo aqui. Eu moro nesta casa.

– Que linda, Ronald. A emoção é minha. Logo, logo estaremos juntos. Até mais. Ligue para sua filha e diga que lhe mandei um beijo.

Esse senhor vai iniciar um tratamento de reabilitação com nossa equipe. Vê-lo com meu livro lá em cima, entre as grades de sua simpática janelinha, tocou-me deliciosamente. Pensei: estou fazendo o bem para as pessoas, acho que não vou parar por aqui.

Decidi continuar num próximo volume de *O Médico*. Afinal, ainda tenho muitas outras histórias para contar.